I0018272

Markus Plieninger, C. Schapke, T. Falk

Webmonitoring und Websitemonitoring

GRIN Verlag

Bibliografische Information der Deutschen Nationalbibliothek:

Die Deutsche Bibliothek verzeichnet diese Publikation in der Deutschen National-
bibliografie; detaillierte bibliografische Daten sind im Internet über http://dnb.d-
nb.de/ abrufbar.

Impressum:

Copyright © 2003 GRIN Verlag GmbH
Druck und Bindung: Books on Demand GmbH, Norderstedt Germany
ISBN: 978-3-638-64118-0

Dieses Buch bei GRIN:

http://www.grin.com/de/e-book/9646/webmonitoring-und-websitemonitoring

Webmonitoring und Websitemonitoring

von

Markus Plieninger

Wintersemester 2002/2003

Web-Monitoring und
Web-Site-Monitoring

Referatsthema an der Fachhochschule Würzburg-Schweinfurt
im Fach Informationswirtschaft

vorgelegt von: Markus Plieninger
Claudia Schapke
Thomas Falk

Würzburg, den 17.Dezember 2002

Inhaltsverzeichnis

Abkürzungsverzeichnis

CGI	Common Gateway Interface
FTP	File Transfer Protocol
GIF	Grapfics Interchange Format
IP	Internet Protokoll
JEPG	Joint Photografic Experts Group

Abbildungsverzeichnis

1. Einleitung

Es ist nicht immer alles Gold was klickt, auch wenn viele Firmen auf den virtuellen Absatzmärkten ihre Zukunft sehen und das Internet zu Recht als unverzichtbaren Bestandteil einer vernünftigen Unternehmenskommunikation nutzen. Einen Aspekt unterschätzen die Wirtschaftsverantwortlichen aber seit Jahren. Das Internet entwickelt sich zu einem universalen Werkzeug der Wirtschaftskriminalität. Dem soll nun durch ein effektives Webmonitoring entgegengewirkt werden.

Auch das Websitemonitoring nimmt einen immer höheren Stellenwert im Marketingcontrolling ein, worauf im zweiten Teil dieses Referates noch ausführlicher dargestellt werden soll.

2. Web Monitoring

2.1. Wesen des Web Monitoring

Das Web-Monitoring wurde gerade durch die rasante Entwicklung des Internets in den letzten Jahren immer bedeutsamer, gerade durch die enorme weltweite Ausweitung des Netzes. Sehr schnell wird daher ersichtlich, dass das Internet nicht nur aus dem World Wide Web (www), sondern vielmehr auch aus Diensten, wie E-Mail, FTP Servern, Online-Foren jeglicher Art, sowie Peer-to-Peer Netzwerken besteht.

Nicht ohne Probleme ist jedoch, dass über die Hälfte der öffentlichen Informationen nicht im bekannten World Wide Web vorliegen, sondern gerade in den o. a. Diensten enhalten sind. Dies erschwert zunehmend einen genauen Überblick über das Internet zu erhalten, aber auch nur das Word Wide Web verbirgt an sich „ Das `Deep

Web` ... 400 bis 550-mal größer als das allgemein World Wide Web und soll 7500 Terabyte Information enthalten..." (Bergmann, M. 2002).
Gerade an diesen Schwierigkeiten, setzt das Web-Monitoring an. Wie das englische Wort „web" (dt.Netz, Gewebe) und „to monitor" (dt. abören, überwachen) erkennen lässt, wird mit Hilfe des Web-Monitoring versucht, das Internet zu „Überwachen".

Denn nicht all zu oft verbergen sich in diesem sehr schwer einsichtlichen Bereich, große Gefahren für Unternehmen, wie zum Beispiel Markenmissbrauch, Produktpiraterie oder Imageschädigung, um nur einige wenige zu nennen. Somit wird dem Web-Monitoring in vergangener Zeit immer mehr Aufmerksamkeit geschenkt. So zeigt das Beispiel „Imageschädigung" sehr ausführlich, welche immense Schäden hierdurch für ein Unternehmen entstehen können. So ist „einem der größten Finanzstreiche der US-Netzwerkausrüster EUMULEX ausgeliefert gewesen. Bei dem durch Online-Betrug innerhalb weniger Minuten eine Abwertung von 2,5 Mrd. Dollar seines Aktienwertes erfolgt. Und dies nur, nachdem ein Student eine fingierte Pressemitteilung mit der Falschmeldung verbreitete, die Firma stelle ihre Erträge neu dar, stehe unter Beobachtung der Börsen- und Finanzaufsicht und Ihr Vorstandsvorsitzender sie ausgestiegen." (http://cert.uni-stuttgart.de /archive/isn/2000/09/msg00001.html)
Hierbei wird sehr deutlich, dass man das Internet nicht als rechtsfreien Raum betrachten darf. Denn gerade erst die Rechtsicherheit im Internet, gewährleistet die elementaren Grundsteine des E-Commerce, der Wirtschaftszweig der noch jung und relativ gebrechlich ist. Würde hier die Wirtschaftskriminalität Überhand gewinnen, hätte dies katastrophale Auswirkungen für diesen noch nicht ganzheitlich entfalteten Wirtschaftszweig.
Wie kann dem nun effektiv entgegen gewirkt werden?

2.2. Die neuste Technologie

Die neuste Technologie des Web-Monitoring wurde in Großbritannien entwickelt, genauer an der Eliteuniversität in Cambridge. 1999 gründete man schließlich das Unternehmen ENVISIONAL, das sich aus Cambridge-Absolventen zusammensetzte.

Mittlerer Weile gehört das Unternehmen zu einer der weltweit führenden Unternehmen, das ein vollständig automatisiertes Verfahren, die „Discovery Engine", ermöglicht. Dies beinhaltet ein skalierbares Softwaresystem ohne Leistungsbeschränkungen und ist somit dem umfangreichen Volumen der im Internet verfügbaren Informationen gewachsen. Darüber hinaus besteht sie für die automatisierte Informationsbeschaffung, aus einer komplexen Informations-Management-Architektur. (Abb.1)

Die 4 wesentlichen Komponenten dieses Systems bestehen aus: Ein modularisiertes Suchsystem, das auf die Verknüpfung von Rechnern statt auf Großrechner setzt. Die maximale Ausbaugröße der Rechner reichen bis zu 256x256 Stück (Cluster-Technologie).

Zweite Komponente ist das Monitoring System es legt fest welche Abfragen ausgeführt und in welchem Umfang gesucht wird. Für jeden Kunden konfiguriert ENVISIONAL individuell und ist jederzeit modifizierbar. Denn gerade dies ist das Problem der gängigen Suchmaschinen im Internet. Sie legen ein Inhaltsverzeichnis von den einzelnen Seiten im Internet an. Abfragen werden anhand dieses Inhaltsverzeichnisses erkannt. Dieser Abfrageprozess erfolgt sehr schnell, dennoch kann er mit dem Tempo, in dem das Internet wächst nicht mithalten. Es wäre unmöglich (z.Zt.), ein Inhaltsverzeichnis des gesamten Internets täglich auf den aktuellen Stand zu bringen. Die Discovery Engine funktioniert jedoch anders. Die Suche erfolgt zu dem Zeitpunkt, zu welchem der Nutzer eine Abfrage startet, womit Resultate auf dem aktuellsten Stand garantiert sind. Die intelligente Software trifft eine sorgfältige Auswahl der Links einer Seite und verfolgt solche Pfade, die mit der größten Wahrscheinlichkeit zu den gewünschten Informationen führen. Die Discovery Engine ist in der Lage kognitive (auf Erkenntnis beruhende) Verhaltensmuster des Menschen nachzuahmen.

Die dritte Komponente ist die Discovery Language durch Sie werden die Anfragen auf die zu überwachenden Bereiche übersetzt. Durch die Implementierung von verschiedener Komponenten der Wahrscheinlichkeitstheorie, Bayesian Belief Networks, regelbarer Methodik und Fuzzy Logic ermöglicht das automatische Scannen von Milliarden von Webseiten ohne nennenswerten Einsatz von menschlicher Kapazität. Jedoch sind die im Detail von ENVISIONAL entwickelten Algorythmen nur Mathematikern verständlich, deshalb rekrutiert das Unternehmen seine Mitarbeiter zum überwiegenden Teil aus Doktoranden der benachbarten Cambridge Universität.

Im Gegensatz zu den marktüblichen Suchmaschinen, analysiert die Discovery Engine nicht nur Suchbegriffe. Sondern untersucht außerdem die binären Codes von Download-Vörgangen. Das heißt dass beim Herunterladen Soundstrukturen, Programmelemente oder Bildbestandteile wieder erkannt und automatisch auf ihre Bedeutung und Relevanz gescannt werden.

Die vierte und letzte Komponente stellt die Ergebnisdatenbank dar. In ihr werden alle Treffer, die zur Anfrage passen, gespeichert.

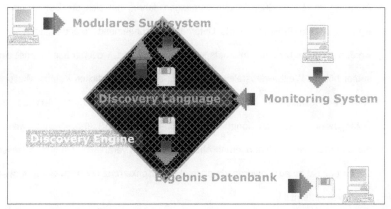

Abbildung 1: Die Discovery Engine   Quelle: www.envisional.com

Jedoch sollte man wie in der klassischen Wissenschaft nicht nur das Makrosystem analysieren, sondern auch seine Analyse im Mikrosystem. Was mit dem folgenden Web Site Monitoring der Fall sein soll.

3. Web- Site- Monitoring

Während mit Hilfe des Web- Monitoring versucht wird Imageschädigung aus dem Internet, die sich gegen das eigene Unternehmen richten, frühzeitig zu erkennen und aufzudecken, soll im nachfolgenden das Verfahren des „Web-Site-Monitoring", das den eigentlichen Nutzen einer Internetpräsenz analysiert, näher dargestellt werden. Hierbei sollen Methoden und Werkzeuge aufgezeigt werden, die sowohl die Nutzung einer Website dokumentieren und als auch deren Analyse ermöglichen, um nachzuvollziehen, wofür die Web Site, durch wen und in welchem Ausmaß genutzt wird. Somit kann die Ermittlung und die Analyse einer Web-Site-Nutzung unter dem Begriff „Web-Site-Monitoring" zusammengefasst werden.

Aufgrund der Entwicklung in den vergangen Jahren hat sich die Bedeutung der eigenen Internet-Präsenz für die Unternehmen zunehmend verändert. Inzwischen werden mehr als 85% des Internets kommerziell genutzt, wodurch das Internet eine immer höhere Wettbewerbsrelevanz erreicht, als ein zusätzliches Kommunikations- und Vertriebsmedium (vgl. Heuer, Kai R.; Wilken, Markus: Ansätze zur Datengewinnung für das Controlling im Online-Marketing, S.309). Dadurch werden die Unternehmen zu nicht unerheblichen Investitionen veranlasst, um sich in diesem Sektor optimal zu positionieren, da nunmehr die Konkurrenz nur noch einen „mouse-klick" weit entfernt ist.

Folglich entwickelt sich die Web-Site damit zu einem entscheidenden Kostenfaktor, der nur durch eine hinreichende Nutzenbegründung zu rechtfertigen ist. (vgl. Schwickert, Axel C.; Wendt, Peter: Web Site Monitoring in: Arbeitspapiere WI, Nr. 7/2000, S.1)

Hierfür ist das Verhalten der Web-Site-User, sowie deren Interaktivität genauer zu untersuchen, um zunächst eine Nutzungsanalyse durchzuführen und damit eine fundierte Nutzenbegründung zu ermöglichen.

3.1. Unbewusste Datenerübermittlung

Im ersten Schritt der Nutzenermittlung, werden hierzu die Daten der User benötigt, die eine betreffende Web-Site besuchen. Dabei kann zwischen unbewusster- und bewusster Datenermittlung unterschieden werden. Vorab soll jedoch die unbewusste Datenerfassung näher dargestellt werden.

Da eine Web Site normalerweise über Kontaktpunkte in Form von Hyperlinks zu anderen Web Seiten verfügt, sollten zuerst mögliche Schnittstellen, über die Besucher auf die Web-Site gelangen könnten, ermittelt werden, so z.B. Werbebanner, Suchmaschinen, Emails usw. Damit wird der Moment erkennbar, an dem der Nutzer die Web-Site betritt oder wieder verlässt, wodurch Rückschlüsse angestellt werden können, was z.B. ein User beim Betreten erwartete bzw. wo und warum er das Interesse wieder verlor. Doch alleine die Schnittstellenermittlung reichen für die Nutzenanalyse sicherlich noch nicht aus. So wird, wie in der u. a. Abbildung dargestellt, ein Tool benötigt, welches nicht nur in der Lage ist, den zurückgelegten Weg eines Users auf einer Web-Site nachzuvollziehen und abzubilden, sondern darüber hinaus, dessen Verhalten auf jener Site zu protokollieren und zusätzlich aus diesem Datenpool heraus Möglichkeiten bietet, die gesammelten Daten auszuwerten.

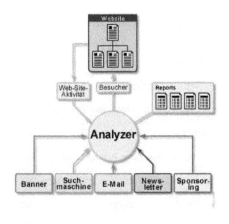

Abb. 2:Analyser   Quelle: www.eprofessionell.de

Mit Hilfe eines sog. „Analyzer" können damit sehr schnell nicht-reaktive Daten, aus unterschiedlichen Datenquellen und Übertragungswegen, gewonnen werden.

Eine zentrale Datenquelle bildet hierbei die von Web Servern erzeugten Logfiles.

Daneben gibt es noch weitere Messgrößen, wie Cookies und Web-Bugs, auf die

nachkommend noch ausführlicher eingegangen werden soll.

3.2. Logfiles

Beginnend mit den Logfiles, bestehen diese in der Regel aus Textdateien, in denen

eingetreten Ereignisse auf dem Web Server automatisch protokolliert werden. (vgl.

Heinrich, Lutz J.; Roithmayr, Friedrich: Wirtschaftsinformatiklexikon, S.194, 331)

So wird bei einer Anfrage eines Html-Dokumentes von Seiten des Clients an den

Web-Server, das gewünschte Dokument vom Server gesendet und mit der

Übertragung dieses Dokumentes, die Daten des Clients protokolliert und in einem

Logfile auf dem Server abgelegt.

Einige wichtige festgehaltenen Eintragungen in einem Logfile, sind z.B. Angaben zur

IP-Adresse oder Domain-Name des Nutzers, Datum und Uhrzeit der Anfrage, sowie

die angeforderte Datei und das Übertragungsvolumen. Zusätzlich kann in einem

Logfile die Adresse der Seite festgehalten werden (sog. Referrer), die im Browser

des Nutzers zuletzt aufgerufen wurde. So wird ermöglicht, den Weg eines User durch

die Pages einer Site nachzuvollziehen, da jeder Logfile-Eintrag eine Verbindung zur

vorherigen Seite enthält. Darüber hinaus kann über die IP-Adresse, neben der

Identifikation eines Nutzers, die einzelnen Eintragungen in einem Logfile zu

Nutzungsvorgängen kombiniert werden.

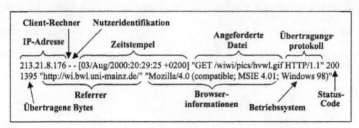

Abb.3:   Bestandteile eines Logfiles im Combined-Log-Format

Quelle: Schwickert, Axel C.;Wendt, Peter: Web Site Monitoring, in: Arbeitspapiere WI, Nr 7/2000,
S.11

3.3. Cookies

Eine andere Methode zur Nutzeridentifikation bietet der Einsatz von Cookies. Diese

bestehen ebenfalls aus kleinen Textdateien, die ein Web Server neben einer

angeforderten Seite übermittelt. Hierbei werden die übertragenen Informationen

jedoch nicht auf den Server, sondern auf die Festplatte des Clients abgelegt. Das

Betriebssystem Windows erstellt hierfür sogar eigens eine Unterdatei „cookies.txt", in der die Cookies gespeichert werden. Ähnlich wie Logfiles enthalten diese Textdateien eine eindeutige Identifikationsnummer des Users und die Angabe der Domain, die als Empfänger des Cookies bestimmt ist. Bei jeder erneuten Anfrage wird das Cookie an den Webserver zurückübertragen, so dass dort eine eindeutige Identifikation des angefragten Browsers, über mehrere Schritte eines Nutzungsvorganges möglich ist. (vgl. Wilde, Erik: World Wide Web, S.136) Ebenfalls wird durch einen Zeitstempel die Lebensdauer eines Cookies bestimmt, daher kann ein User bei einem wiederholten Besuch einer Domain durch die Übermittlung der Cookiedaten wieder erkannt werden. Mit Cookies alleine können dennoch nicht einzelne Nutzer, sondern nur die IP-Adressen identifiziert werden. Wird man aber dazu aufgefordert, persönliche Angaben zu machen, dann kann die ID-Nummer des Cookies mit diesen Informationen verbunden werden, wodurch sich ein persönliches Profil erstellen lässt.

3.4. Web Bugs

Obgleich schon fast jeder Website Anbieter Cookies verwendet, um die User oder potentiellen Kunden zu identifizieren, haben diese die Eigenschaft, dass ihr Setzen über die Browser-Einstellung verhindert werden kann. Mit einem bislang noch wenig bekannten Verfahren, den sog. „Web Bugs", lässt sich aber auch diese Abwehr der Benutzer, die nicht ihre Daten bereitwillig übermitteln wollen umgehen. „Web Bugs" oder "clear GIFs" sind kleine, unsichtbare Grafiken, meist transparente GIFs mit einer Größe von normalerweise 1x1 Pixel, die im Quellcode am Rand oder am Ende von HTML-Dokumenten, so z.B. auf Webseiten oder in E-Mails eingebettet sind.

(vgl. http://www.computerbetrug.de/spyware/web-bugs.php)

- 14 -

Ein Web Bug sendet sowohl die IP-Adresse, die URL der besuchten Webseite, die URL des Web Bug GIFs, den Zeitpunkt, an dem der Web Bug angeschaut wurde, den Browsertyp sowie die Informationen eines zuvor gesetzten Cookies an einen Server.

Ein entsprechender HTML-Tag könnte wie folgt aussehen:

<img src="http://www.bigbadcompany.com/cgi-bin/screw-your-privacy.cgi">.

Auffällig dabei ist, dass als Quelle für das Bild keine gewöhnliche GIF- oder JPEG-Datei angegeben ist, sondern ein CGI-Skript aufgerufen wird, das dann erst ein solches Bild zurückliefert. Durch den Aufruf eines Skripts werden Zusatzinformationen mitgeliefert. Dies sind benutzerspezifische Daten und Informationen, wie z.B. die eindeutige IP-Adresse und das verwendete Betriebssystem.

Bugs können darüber hinaus auch in Werbe-Emails eingesetzt werden, so dass sich feststellen lässt sich, ob und wann eine Email geöffnet wurde, um zu überprüfen, wie viele der Werbemails gelesen wurden. Weiterhin können sie verwendet werden, um den Cookie des Browsers mit einer bestimmten Mailadresse zu verknüpfen, so dass ein Besucher bereits bekannt ist, wenn er später eine Website aufruft.

4. Reaktive, bewusste Datenermittlung

4.1. Web-Formulare und Auswertung

Im World Wide Web hat sich durch die hohen Nutzerzahlen und die schnelle Verbreitung eine zusätzliche Form der Marktforschung herauskristallisiert. Surfverhalten und Verweildauer der Nutzer oder potentiellen Kunden werden, wie oben beschrieben durch Cookies und Logfiles ermittelt. Hierbei spricht man von der unbewussten Datenübertragung seitens des Nutzers. Darüber hinaus kommt es zu einer reaktiven, also einer bewussten Datenermittlung bei dem Einsatz von Web-Formularen, die mit einem gängigen Fragebogen vergleichbar sind. Hier können beispielsweise Produkt- und Preisakzeptanz erfragt werden.

Web-Formulare kommen hauptsächlich zum Einsatz, um mehr über die Kundenbedürfnisse herauszufinden; die Inhalte, der Aufbau, das Design des Web-Formulars und die Fragestellungen sind ebenso vielseitig, wie die Fragebögen, die in der herkömmlichen Marktforschung eingesetzt werden.

Web-Formulare haben den großen Vorteil, dass sie nicht so kostenintensiv sind. Lediglich die Auswertung qualitativer Fragestellungen ist mit der, herkömmlicher Auswertung vergleichbar. Quantitative Fragestellungen können automatisiert und dynamisch aktualisiert werden. Notwendig hierfür ist z.B. der oben beschriebene Analyser.

Bei qualitativen Fragestellungen werden in der Praxis die gängigen Marktforschungs-Tools, wie z.B. SPSS eingesetzt.

Weitere Komponenten die für eine sinnvolle Auswertung der erlangten Daten nötig sind, entsprechen der herkömmlicher Marktforschung, und werden hier nicht weiter behandelt.

4.2. Site-screening, Suchmaschinenoptimierung

Ein weiterer Bereich des Web- Site- Monitoring ist das Site- screening. Durch ein Web-Formular o.ä kann ein Unternehmen seine Website durch die User bzw. Kunde bewerten lassen. Design, Inhalt, Übersichtlichkeit, Handling und Informationsbedarf wären Kriterien, die von den Usern zu beurteilen sind und daraufhin optimiert werden können.

Des weiteren können die Suchkriterien optimiert werden.

Kommerzielle Homepages sollten von Suchmaschinen nach der Suchanfrage möglichst weit oben in der Trefferliste ausgegeben werden. In dieser Ergebnisliste sollten sich Quellenverweise zur entsprechenden Suchanfrage befinden. Aufgrund der Menge der im Internet vorhandenen Informationen müssen Suchmaschinen die Ergebnisliste nach festgelegten Kriterien sortieren. Web-Site-Betreiber können steuern, wie und wo ihre Seiten in Suchmaschinen gelistet werden. Bei Sortierung nach Relevanz kommen unterschiedliche Methoden zur Ermittlung zur Anwendung: Anzahl der Suchbegriffe im Text, Anzahl der Suchbegriffe im Titel, Anzahl der Suchbegriffe in den Meta-Tags, Anzahl der Suchbegriffe in der URL, Anzahl der Verweise von anderen Seiten (Links) und die Platzierung der Suchbegriffe im Text. Neben der Möglichkeit, Texte und Überschriften möglichst prägnant zu formulieren, können über Meta-Tags Informationen zur Seite an die Suchmaschinen weitergereicht werden. (vgl. http://www.fireball.de/index.csp?mode=profi)

Nicht nur die Optimierung der Suchkriterien und das Site- Screening sind wichtige Bestandteile des Web- Site- Monitoring, sondern auch die Kommunikation und Interaktion mit den Kunden werden im Bereich E-Commerce immer wichtiger.

4.3. Real Time Monitoring, Site Monitor

Real Time Monitoring oder auch Site Monitor sind live Kommunikationsmöglichkeiten die hauptsächlich im Bereich E-Commerce eingesetzt werden können. Es sind

Website-Marketing Instrumente die Surfer oder potentielle Kunden sichtbar und ansprechbar machen.

Logfiles eines Users können auch in Echtzeit betrachtet ausgewertet und für die Generierung von Leads genutzt werden. Betritt nun ein potentieller Kunde eine Firmen-Website ist es möglich ihn direkt anzusprechen. Der Besucher ist eine unbekannte Nummer ohne Gesicht, Namen und Adresse solange, bis dieser sich selbst authentifiziert. Es ist dasselbe, wie im „wahren Leben": wer einmal im Kaufhaus einkauft, gibt noch wenig Informationen preis. Wer aber jeden Morgen beim Bäcker dieselben Sachen einkauft, wird auch wieder erkannt und im Laufe der Zeit mit dem Namen angesprochen.

Um einen Besucher direkt durch die Site-Monitoring-Systeme anzusprechen ist natürlich zusätzliches Personal nötig. Da es sich hier um einen zusätzlichen Vertriebskanal handelt ist zu kalkulieren in welchem Ausmaß sich das zusätzlich eingesetzte Personal rechend. Das reine Umsatzpotential würde durch die direkte Kontaktaufnahme auf der Webseite erheblich vergrößert.

Die oben beschriebene Einkaufsszene mag nicht auf jeder Unternehmens-Website bzw. auf jedes Unternehmen übertragbar sein. Beispielsweise hat amazon vermutlich wenig Optimierungspotential durch live Kommunikation. Hingegen profitieren beratungsintensive Dienstleistungen wie der Finanz- und Versicherungssektor, wie medizinische Dienste und Reiseanbieter von der Möglichkeit den potentiellen Kunden aktiv anzusprechen und persönlich zu betreuen.

Die deutsche Firma bluehand GmbH & Co.mmunikation KG vertreibt seit 2001 diese Technologie. Das Produkt Sushi-on-ice bietet umfangreiche User-Daten, Session-history, Notizfunktion und Visitenkarte, die der Surfer ausfüllen kann (nicht muss). (vgl. http://www.bluehands.de/sushi/demo/shop/consultant.html)

Somit bekommen User und Unternehmen die Möglichkeit individuell über ein

Chatfenster zu kommunizieren. Unternehmen, die das Produkt einsetzen, können die

Kundendaten analysieren und auswerten; z.B. die bekauften Produkte. Des weiteren

sind Informationen über vergangene sessions ersichtlich. Z.B. wann der Kunde

zuletzt auf der Seite war und welche Seiten er sich angeschaut hat.

Bluehand verlangt von seinen Kunden einen Pauschalbetrag von 980 € und eine

monatliche Gebühr von 190 €.

(vgl. http://www.bluehand.de)

„Persönliche Online-Beratung - Kundenservice in Echtzeit [...]. Der Verkauf per

Internet ist in den seltensten Fällen ein Selbstläufer. Je komplexer und

anspruchvoller die angeboten Produkte und Dienstleistungen ausfallen, um so lauter

wird der Ruf nach individueller Beratung. Weisen Online-Beratungstools einen Weg

aus dem scheinbaren Dilemma?

Wenn einer eine Reise tut – so schaut er zu 53% zuvor ins Internet. Dort informiert er

sich über Zielort, Reiseverbindungen, Hotels oder Last-Minute-Angebote. Um zu

buchen, gehen jedoch 2/3 der Kunden ins Reisebüro um die Ecke.

Mehr als 30% der Reisebuchungen übers Internet kommen nicht erfolgreich zum

Abschluss, so eine Studie von Fittkau und Maaß vom Januar 2000. Fehlende Online

Beratung kostet die Reiseanbieter im Internet viele Kunden. [...]

Der elektronische Handel ist vielmehr eine ergänzende Vertriebschance, die ähnliche

Anstrengungen und Kundenbindungsmaßnahmen erfordert wie der Verkauf über den

Tresen. Persönliche Beratung zu Produkt und Service steht dabei beim Vertriebskanal Internet an erster Stelle." (vgl. http://www.ecin.de/strategie/beratung/)

4.4. Vorteile für Unternehmen

Unternehmen die gezielt Site- screening und Suchmaschinenoptimierung einsetzen können nicht nur Ihren Internetauftritt gezielt verbessern, sondern erhöhen ihre Pageimpressions erheblich.

Durch das Site-screening werden Einsparpotenziale durch Verbesserung und Fokussierung des Web-Angebotes aufgedeckt. Werden des weiteren die oben beschriebenen Web-Formulare eingesetzt, können nach der Auswertung Werbemaßnahmen und Online-Vertriebsprozesse optimiert und Produktpräferenzen und Preis- bzw. Produktakzeptanzen ermittelt werden.

Darauf aufbauend sollte man als Unternehmen diese Daten für ein gezieltes customer relationship management ausschöpfen und gegebenenfalls mit einer live Kommunikation auf der Internetseite vervollständigen. Dadurch wäre eine erhöhte Kommunikation und Interaktion mit dem Kunden möglich.

5. Ausblicke

[...].""Viele Shops haben keinen Erfolg, weil sie nur für Kunden gemacht sind, die schon wissen was sie wollen. Viele Kunden benötigen bei der Kaufentscheidung dagegen aktive Unterstützung. Online-Beratung stellt in diesem Zusammenhang eine wesentliche Hilfe dar. In 3 Jahren wird es keinen erfolgreichen Shop ohne Online-

Beratung mehr geben", meint Lars Kaufmann, Geschäftsführer der bluehands GmbH. Insbesondere gilt dies für Branchen, die schon immer beratungsintensiv waren: Tourismus, Finanzdienstleistungen und Versicherungen, Computer- und Automobilbranche sowie der gesamte Wellnessmarkt. Während Finanzdienstleister, Versicherungen und Computerhersteller bereits versuchen, von den neuen Vertriebsmöglichkeiten übers Netz zu profitieren, schlagen sich Automobilhersteller und Internetapotheken noch mit dem 1X1 des E-Commerce herum.""

(vgl. http://www.ecin.de/strategie/beratung/)

Diese sog. live Kommunikation bzw. das Real Time Monitoring ist, wie oben beschrieben, eine zeit- und personalintensive Investition. Das Hongkonger Unternehmen Artificial life entwickelt aus diesem Grund einen Robot, auch Bot genannt, der die Basisaufgaben eines menschlichen Betreuers im Online-Bereich einer Webseite übernehmen soll. Kerngedanke ist es, Produktinformationen, unternehmensbezogene Informationen sowie weitere für das Unternehmen relevante Informationen in einem automatisierten Chat an den Kunden weiterzugeben. (vgl. http://www.artificial-life.de)

Da es sich bei den Fragen und Antworten um standardisierte und automatisierte Sätze handelt, und keine individuelle Freiheit in der Gestaltung der Sätze gegeben ist, kommt es gehäuft zu Fehlern. Die Ursachen der Fehler, sind neben Tippfehlern, auch didaktische und sprachspezifische Eigenschaften, die nur schwer zu automatisieren sind. Bei Tippfehlern wird ein Algorithmus angewandt, der nebenstehende Tastendrücke mitberücksichtigt und somit die Fehlerquote minimiert. Jedoch ist die Fehlerquote bei nicht vorgefertigten Fragestellungen zu hoch, somit hat der Bot von Artificial Life noch keine Marktreife erreicht.

Langfristig gesehen, müssen Kommunikation und Interaktion in die Unternehmensstrategie von E-Commerce Unternehmen mit einzubeziehen.

Literaturverzeichnis:

1. *Bergmann, M.:* Handelsblatt 06.05.2002

2. http://cert.uni-stuttgart.de/archive/isn/2000/09/msg00001.html

3. *Heuer, Kai R.; Wilken, Markus:* Ansätze zur Datengewinnung für das Controlling im Online-Marketing, in: Handbuch Marketing-Controlling, Hrsg.:Zerres,Michael P., Berlin et al.: Springer 2000, S.309

4. *Schwickert, Axel C.; Wendt, Peter*: Web Site Monitoring – Teil 2: Datenquellen, Web-Logfile-Analyse, Logfile-Analyzer, in: Arbeitspapiere WI, Nr. 7/2000, Hrsg.: Lehrstuhl für Allg. BWL u. Wirtschaftsinformatik, Johannes Gutenberg-Universität: Mainz 2000, S.1

5. *Heinrich, Lutz J.; Roithmayr, Friedrich*: Wirtschaftsinformatiklexikon, 6., vollständig überarbeitete u. erweiterte Auflage, München: Oldenbourg 1998,S.194, 331)

6. *Wilde*, Erik: World Wide Web, Berlin et al.: Springer 1999, S.136

7. http://www.computerbetrug.de/spyware/web-bugs.php

8. http:// www.fireball.de/index.csp?mode=profi

9. http://www.bluehands.de/sushi/demo/shop/consultant.html

10. http://www.bluehand.de

11. http://www.ecin.de/strategie/beratung/

12. http://www.ecin.de/strategie/beratung/

13. http://www.artificial-life.de

Quellennachweis:

Abb.1: Die Discovery Engine   Quelle: www.envisional.com

Abb.2: Analyzer   Quelle: www.eprofessionell.de

Abb.3: Bestandteile eines Logfiles im Combined-Log-Format

Quelle: Schwickert, Axel C.;Wendt, Peter: Web Site Monitoring,   in:Arbeitspapiere WI, Nr.7/2000, Hrsg.: Lehrstuhl für Allg. BWL u. Wirtschaftsinformatik, Johannes Gutenberg-Universität Mainz 2000, S.11

www.ingramcontent.com/pod-product-compliance
Lightning Source LLC
La Vergne TN
LVHW042128070326
832902LV00037B/1461